AF205704

Impressum
Verlag: BABADADA GmbH, Nedderfeld 112 , 22529 Hamburg
Geschäftsführer / Verlagsleitung: Harald Hof
Druck: Books on Demand GmbH, In de Tarpen 42, 22848 Norderstedt

Imprint
Publisher: BABADADA GmbH, Nedderfeld 112 , 22529 Hamburg, Germany
Managing Director / Publishing direction: Harald Hof
Print: Books on Demand GmbH, In de Tarpen 42, 22848 Norderstedt, Germany

مدرسه

școală

کلاس درس
sală de clasă
تقسیم کردن
a împărți
186/2
تخته
tablă
curte a școlii
معلم
profesor
کاغذ
hârtie
نوشتن
a scrie
خودکار
instrument de scri
میز تحریر
masă de birou
خط کش
riglă
کتاب
carte
دانش آموز
elev

کیف مدرسه

ghiozdan

جامدادی

penar

مداد

creion

تراش

ascuțitoare

پاک کن

radieră

دفتر رسم

bloc de desen

طراحی

desen

قلم مو

pensulă

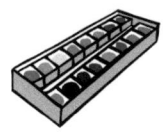

جعبه ی آبرنگ

cutie de acuarele

قیچی

foarfece

چسب

lipici

کتاب تمرین

caiet de exerciții

تکلیف خانه

temă

12

رقم

număr

2+2

جمع کردن

a aduna

5−2

تفریق کردن

a scădea

2×2

ضرب کردن

a multiplica

محاسبه کردن

a calcula

A

حرف الفبا

literă

ABCDEFG HIJKLMN OPQRSTU VWXYZ

الفبا

alfabet

hello

کلمه

cuvânt

متن
....
text

خواندن
....
a citi

گچ
....
cretă

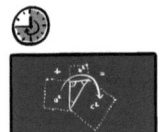

درس
....
oră

ثبت نام
....
catalog

امتحان
....
examen

مدرک رسمی
....
certificat

لباس مدرسه
....
uniformă școlară

تحصیلات
....
educație

دانشنامه
....
enciclopedie

دانشگاه
....
universitate

میکروسکوپ
....
microscop

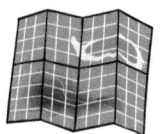

نقشه
....
hartă

سبد کاغذ باطله
....
coș de gunoi

سفر

călătorie

هتل
hotel
مسافرخانه
hostel
صرافی
casă de schimb valutar
چمدان
valiză
اتومبیل
autovehicul

زبان

limbă

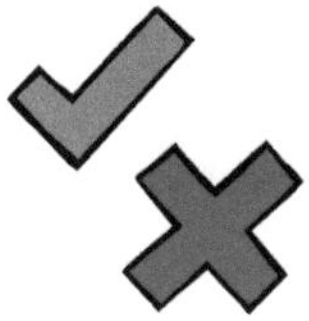

بله / خیر

da/nu

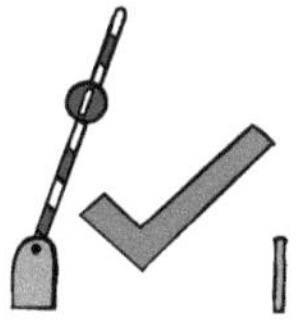

اکی

okay

سلام

Bună!

مترجم

interpret

ممنون

mulțumesc

قیمت ... چه قدر است؟

....

Cât costă...?

من متوجه نمی شوم

....

Nu înțeleg

مشکل

....

problemă

عصر بخیر! / شب بخیر!

....

Bună seara!

صبح بخیر!

....

Bună dimineața!

شب بخیر!

....

Noapte bună!

خدانگهدار

....

la revedere

جهت

....

direcție

بار سفر

....

bagaj

کیف

....

geantă

کوله پشتی

....

rucsac

مهمان

....

oaspete

اتاق

....

cameră

کیسه خواب

....

sac de dormit

خیمه

....

cort

مرکز راهنمای گردشگران

punct de informare turistică

ساحل

plajă

کارت اعتباری

carte de credit

صبحانه

mic dejun

نهار

masa de prânz

شام

cină

بلیط

bilet de călătorie

آسانسور

lift

مهر

timbru poştal

مرز

graniţă

گمرک

vamă

سفارتخانه

ambasadă

ویزا

viză

گذرنامه

paşaport

حمل و نقل
transport

هواپیما
avion
کشتی
vas
ماشین آتش نشانی
mașină de pompieri
اتوبوس
autobuz
کامیون
camion
قایق موتوری
șalupă
دوچرخه
bicicletă
اتومبیل
autovehicul

کشتی مسافربری

feribot

قایق

barcă

موتورسیکلت

motocicletă

ماشین پلیس

mașină de poliție

ماشین مسابقه

mașină de curse

ماشین کرایه ای

mașină închiriată

به اشتراک گذاری اتوموبیل
....
car sharing

جرثقیل
....
mașină de tractat

ماشین حمل زباله
....
mașină de gunoi

موتور
....
motor

بنزین
....
combustibil

پمپ بنزین
....
benzinărie

تابلو راهنمایی و رانندگی
....
semn de circulație

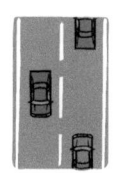

عبور و مرور
....
trafic

ترافیک
....
ambuteiaj

پارکینگ
....
parcare

ایستگاه قطار
....
gară

ریل راه آهن
....
șine

قطار
....
tren

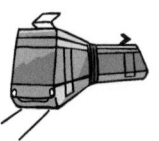

قطار برقی
....
tramvai

واگن
....
vagon

هلیکوپتر

elicopter

فرودگاه

aeroport

برج

turn

مسافر

pasager

کانتینر

container

کارتن

carton

گاری

căruţă

سبد

coş

به پرواز درآمدن / فرود آمدن

a decola/a ateriza

شهر

oraş

دهکده

sat

مرکز شهر

centru

خانه

casă

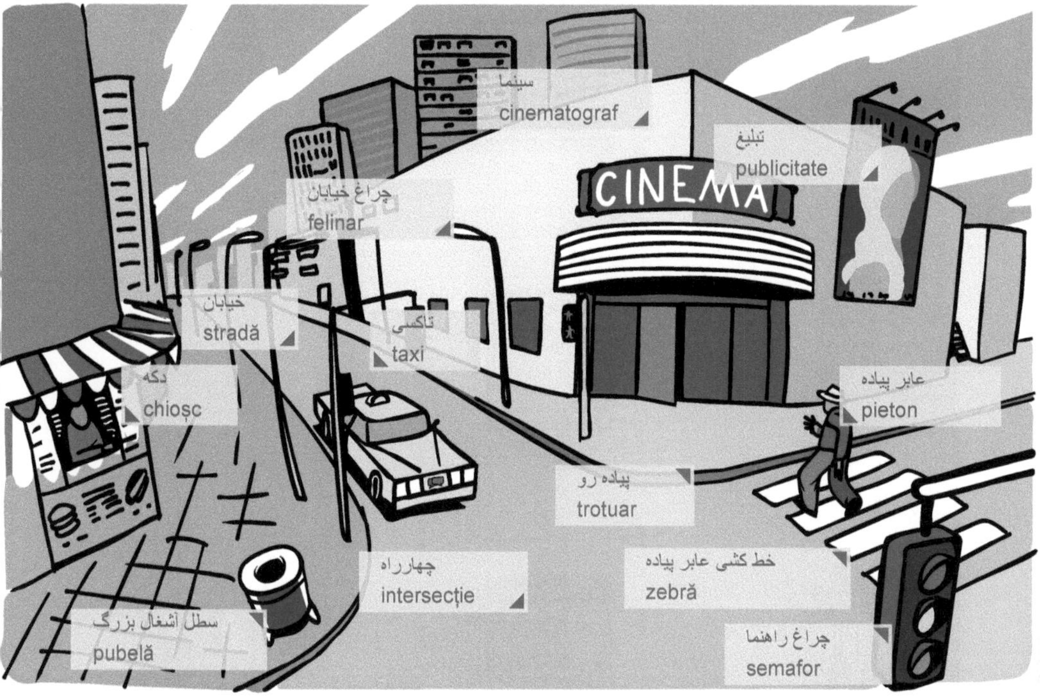

سینما
cinematograf

تبلیغ
publicitate

چراغ خیابان
felinar

خیابان
stradă

تاکسی
taxi

دکه
chioșc

عابر پیاده
pieton

پیاده رو
trotuar

CINEMA

چهارراه
intersecție

خط کشی عابر پیاده
zebră

سطل آشغال بزرگ
pubelă

چراغ راهنما
semafor

کلبه
cabană

آپارتمان
apartament

ایستگاه قطار
gară

ساختمان شهرداری
primărie

موزه
muzeu

مدرسه
școală

دانشگاه

universitate

بانک

bancă

بیمارستان

spital

هتل

hotel

داروخانه

farmacie

اداره

birou

کتابفروشی

librărie

مغازه

magazin

گل فروشی

florărie

سوپرمارکت

supermarket

بازار

piață

فروشگاه بزرگ

magazin universal

ماهی فروش

comerciant de pește

مرکز خرید

centru comercial

بندر

port

پارک

parc

نیمکت

bancă

پل

pod

پله

trepte

مترو

metrou

تونل

tunel

ایستگاه اتوبوس

stație de autobuz

میخانه

bar

رستوران

restaurant

صندوق پست

cutie poștală

تابلوی خیابان

tăbliță indicatoare cu
numele străzii

دستگاه پارکومتر

parcometru

باغ وحش

grădină zoologică

استخر شنای عمومی

piscină

مسجد

moschee

مزرعه

gospodărie țărănească

آلودگی محیط زیست

poluare

قبرستان

cimitir

کلیسا

biserică

زمین بازی

loc de joacă

معبد

templu

چشم انداز

peisaj

برگ
frunză

تابلوی راهنمای مسیر
indicator

راه
drum

چمنزار
pajiște

سنگ
piatră

درخت
copac

راه نورد
drumeț

رودخانه
râu

چمن
iarbă

گل
floare

دره

vale

تپه

deal

دریاچه

lac

جنگل

pădure

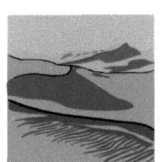

بیابان

deșert

کوه آتشفشان

vulcan

قلعه

castel

رنگین کمان

curcubeu

قارچ

ciupercă

درخت نخل

palmier

پشه

țânțar

مگس

muscă

مورچه

furnică

زنبور

albină

عنکبوت

păianjen

سوسک

gândac

قورباغه

broască

سنجاب

veveriță

جوجه تیغی

arici

خرگوش صحرایی

iepure

جغد

bufniță

پرنده

pasăre

قو

lebădă

گراز

porc mistreț

گوزن نر

cerb

گوزن شمالی

elan

سد آب

dig

توربین بادی

turbină eoliană

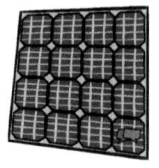

صفحه ی خورشیدی

panou solar

آب و هوا

climă

رستوران
restaurant

chelnăr
منوی غذا
meniu
صندلی
scaun
سوپ
supă
پیتزا
pizza
رومیزی
față de masă
سرویس کارد و قاشق و چنگال
tacâmuri

پیش‌غذا
....
antreu

غذای اصلی
....
fel principal

دسر
....
desert

نوشیدنی ها
....
băuturi

غذا
....
mâncare

بطری
....
sticlă

فست فود

fastfood

اغذیه خیابانی

streetfood

قوری

ceainic

قندان

zaharniță

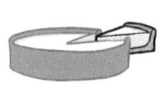

پُرس غذا

porție

دستگاه اسپرسو

espressor

صندلی پایه بلند غذاخوری بچه

scaun înalt (pentru copii)

صورتحساب

factură

سینی

tavă

چاقو

cuțit

چنگال

furculiță

قاشق

lingură

قاشق چایخوری

linguriță

دستمال سفره

șervețel

لیوان

pahar

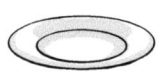

بشقاب

farfurie

بشقاب سوپخورى

farfurie de supă

نعلبكى

farfurie

سس

sos

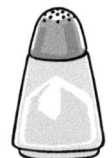

نمكدان

solniță

فلفل ساب

râșniță de piper

سركه

oțet

روغن خوراكى

ulei

ادويه جات

condimente

سس كچاپ

ketchup

سس خردل

muștar

سس مايونز

maioneză

سوپرمارکت

supermarket

پیشنهاد ویژه
ofertă
مشتری
client
لبنیات
produse lactate
میوه جات
fructe
چرخ دستی خرید
cărucior de cumpărături

قصابی

măcelărie

نانوایی

brutărie

وزن کردن

a cântări

سبزیجات

legume

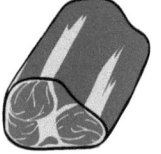

گوشت

carne

غذای منجمد

alimente refrigerate

مخلوطی از انواع کالباس یا پنیر که
ورقه ای بریده شده باشند
....
mezeluri și brânzeturi feliate

غذای کنسروی
....
conserve

پودر لباسشویی
....
detergent

شیرینی جات
....
dulciuri

لوازم خانگی
....
articole de menaj

ماده شوینده و پاک کننده
....
produse de curățenie

فروشنده
....
vânzătoare

صندوق پرداخت
....
casă

صندوقدار
....
casier

لیست خرید
....
listă de cumpărături

ساعات کار
....
orar

کیف پول
....
portmoneu

کارت اعتباری
....
carte de credit

کیف
....
geantă

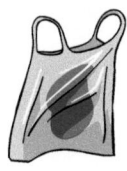

کیسه ی پلاستیکی
....
pungă de plastic

نوشیدنی ها

băuturi

آب

apă

آبمیوه

suc

شیر

lapte

نوشابه کوکاکولا

cola

شراب

vin

آبجو

bere

الکل

alcool

کاکائو

cacao

چای

ceai

قهوه

cafea

قهوه اسپرسو

espresso

کاپوچینو

cappucino

موز

banane

سیب

măr

پرتقال

portocală

انواع هندوانه و خربزه

pepene

لیمو

lămâie

هویج

morcov

سیر

usturoi

نی بامبو

bambus

پیاز

ceapă

قارچ

ciupercă

آجیل

nuci

ماکارونی

paste făinoase

اسپاگتی

spagheti

برنج

orez

سالاد

salată

سیب زمینی سرخ کرده

cartofi prăjiți

سیب زمینی سرخ شده

cartofi țărănești

پیتزا

pizza

همبرگر

hamburger

ساندویچ

sandwich

شنیتسل

șnițel

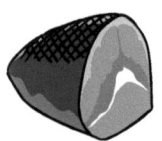

ژامبون خوک

șuncă

سالامی

salam

سوسیس

cârnați

مرغ

pui

نوعی گوشت سرخ شده

friptură

ماهی

pește

جوی پرک شده
....
fulgi de ovăz

نوعی صبحانه مخلوطی از برگه ذرت و
میوه های خشک شده و خشکبار که
معمولا با شیر خورده می شود
musli

کورن‌فلکس
....
cereale

آرد
....
făină

کرواسان
....
corn

نان بروتشن
....
chifle

نان
....
pâine

نان تست
....
pâine prăjită

بیسکویت
....
biscuiți

کره
....
unt

کشک
....
brânză de vaci

کیک
....
prăjitură

تخم مرغ
....
ou

تخم مرغ نیمرو
....
ouă ochiuri

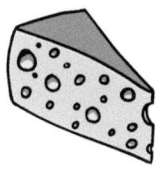

پنیر
....
brânză

بستنی
....
înghețată

شکر
....
zahăr

عسل
....
miere

مربا
....
marmeladă

کرم شکلاتی بادامی
....
cremă nuga

ادویه کاری
....
curry

مزرعه

gospodărie țărănească

انبار غله
șură
balot de paie
مزرعه
câmp
اسب
cal
ماشین یدک کش
remorcă
تراکتور
tractor
کره اسب
mânz
خر
măgar
گوسفند
oaie
بره
miel

بز

capră

گاو ماده

vacă

گوساله

vițel

خوک

porc

بچه خوک

purcel

گاو نر

taur

غاز

găină

اردک

rață

جوجه

pui

مرغ

găină

خروس

cocoș

موش صحرایی

șobolan

گربه

pisică

موش

șoarece

گاو نر اخته

bou

سگ

câine

لانه ی سگ

cușcă

شلنگ باغبانی

furtun de grădină

آبپاش

stropitoare

داس دسته بلند

coasă

گاوآهن

plug

داس	کج بیل	چنگک باغبانی
seceră	sapă	furcă

تبر	فرقون	آبشخور
secure	roabă	troacă

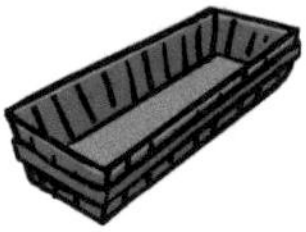

بطری نگهداری شیر	کیسه	حصار
cană pentru lapte	sac	gard

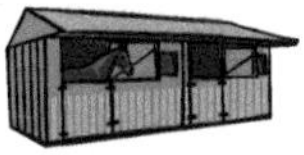

اصطبل	گلخانه	خاک
grajd	seră	sol

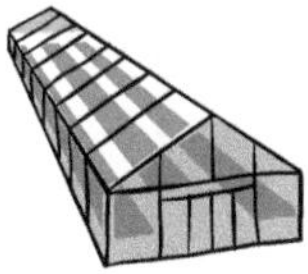

بذر	کود	ماشین کمباین
sămânță	fertilizator	combină de treierat

برداشت کردن محصول

a culege

محصول

recoltă

تمیس

cartof yam

گندم

grâu

سویا

soia

سیب زمینی

cartof

ذرت

porumb

کلزا

rapiță

درخت میوه

pom fructifer

گیاه مانیوک

manioc

غلات

cereale

خانه

casă

دودکش
horn
پشت بام
acoperiș
ناودان
scoc
پنجره
geam
گاراژ
garaj
زنگ در
sonerie
در
ușă
سطل آشغال
coș de gunoi
صندوق مراسلات
cutie poștală
باغ
grădină

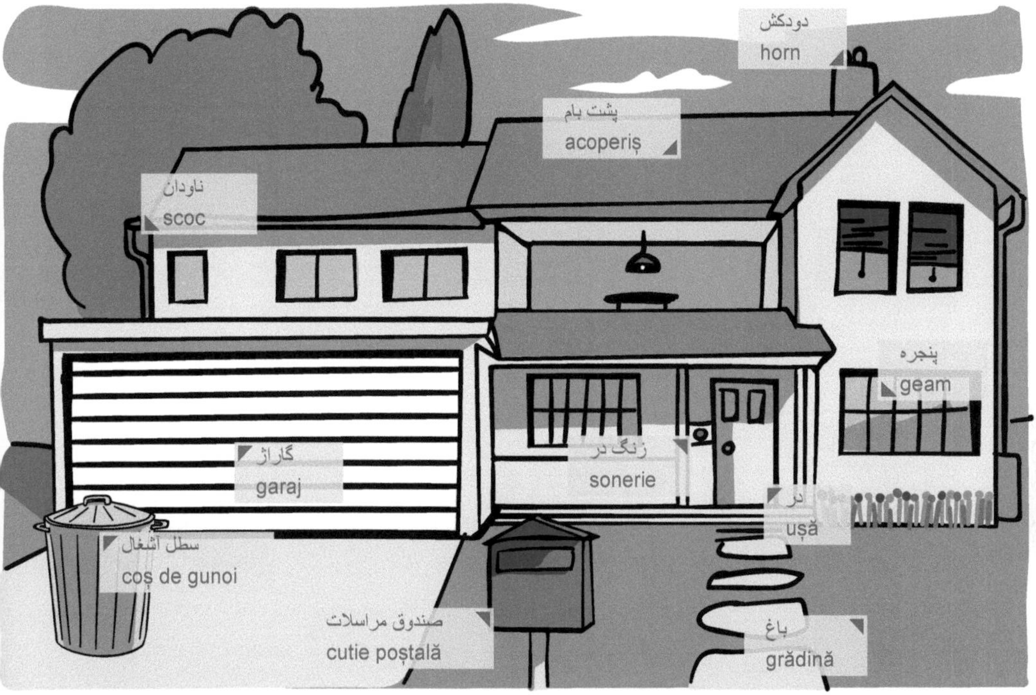

اتاق نشیمن

cameră de zi

حمام

baie

آشپزخانه

bucătărie

اتاق خواب

dormitor

اتاق بچه

camera copiilor

ناهارخوری

sufragerie

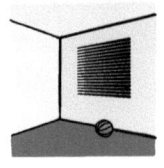

كف زمين

podea

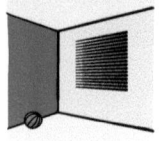

ديوار

perete

سقف

tavan

زيرزمين

pivniță

سونا

saună

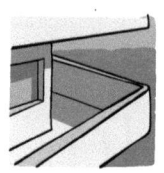

بالكن

balcon

تراس

terasă

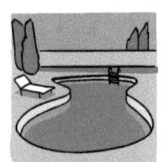

استخر

piscină

ماشين چمنزنى

mașină de tuns iarba

ملافه

cearșaf

روتختى

cuvertură

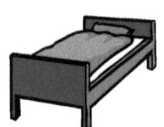

تخت خواب

pat

جارو

mătură

سطل

găleată

سويچ يا كليد

întrerupător

اتاق نشیمن
cameră de zi

کاغذ دیواری
tapet
عکس
pictură
لامپ
lampă
قفسه
raft
کابینت
dulap
تلویزیون
televizor
شومینه
șemineu
گل
floare
کوسن
pernă
کاناپه
sofa
گلدان
vază
کنترل تلویزیون و ویدئو و غیره
telecomandă

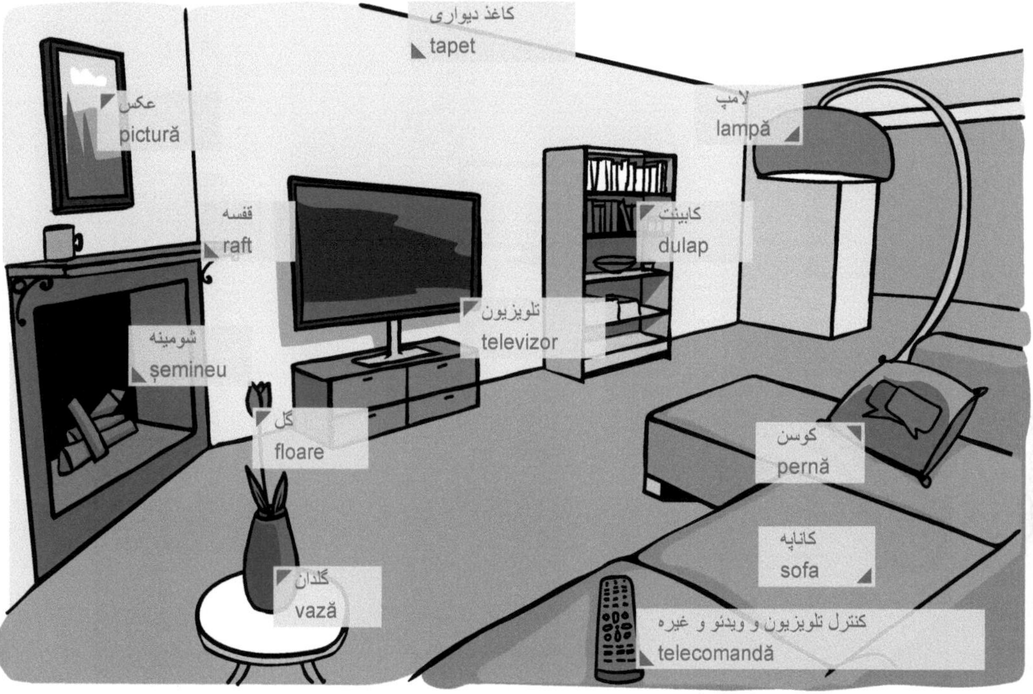

فرش

covor

پرده

perdea

میز

masă

صندلی

scaun

صندلی گهواره ایی

balansoar

صندلی راحتی

fotoliu

كتاب

carte

لحاف

pătură

دكوراسيون

decoraţiune

هيزم

lemn de foc

فيلم

film

دستگاه ضبط صوت

instalaţie stereo

كليد

cheie

روزنامه

ziar

تابلو نقاشی

desen

پوستر

poster

راديو

radio

دفترچه يادداشت

caiet de notiţe

جاروبرقی

aspirator

كاكتوس

cactus

شمع

lumânare

آشپزخانه
bucătărie

یخچال
frigider
ماکروویو
cuptor cu microunde
تُستر
prăjitor de pâine
ماده شوینده و پاک کننده
detergent
فر خوراک پزی
cuptor
جایخی
răcitor
سطل آشغال
coș de gunoi
ماشین ظرفشویی
mașină de spălat vase

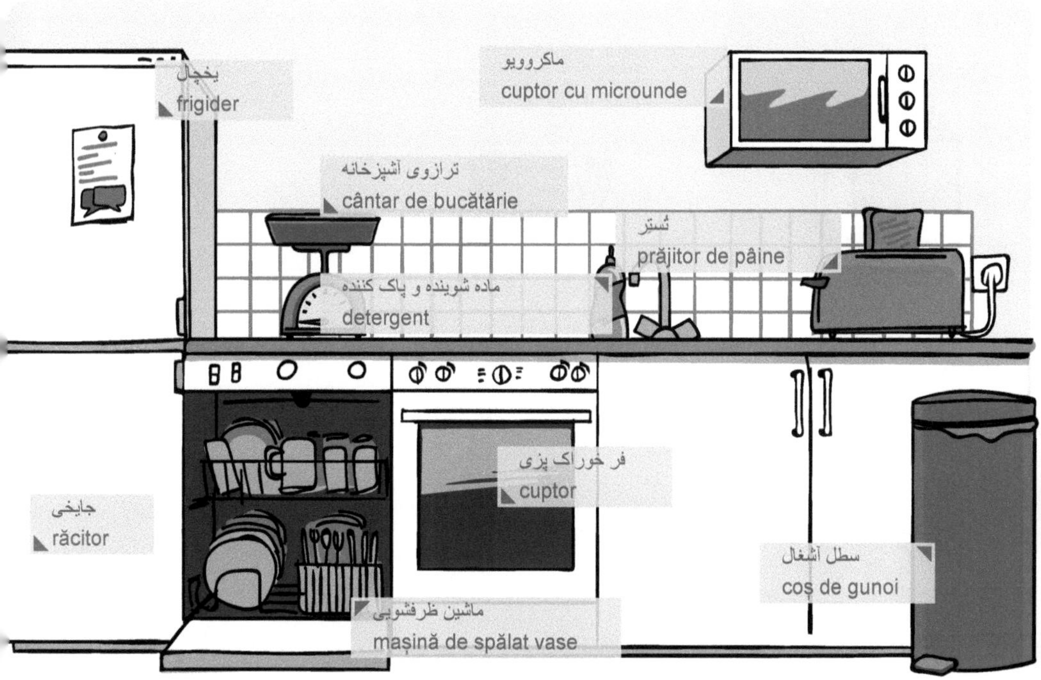

اجاق گاز
....
cuptor

قابلمه
....
oală

قابلمه چدنی
....
oală de metal

ماهی تابه گود
....
wok/kadai

ماهی تابه
....
tigaie

کتری
....
ceainic

بخارپز
oală de gătit cu aburi

سینی فر
tavă de copt

ظرف چینی آشپزخانه
veselă

لیوان
pahar

کاسه
bol

چاپستیک
bețișoare

ملاقه
polonic

کفگیر
spatulă

همزن
tel

آبکش
sită

آبکش
sită

رنده
răzătoare

هاون
mojar

باربیکیو
grătar

محل مخصوص افروختن آتش
loc pentru grătar

تخته گوشت و سبزی

tocător

وردنه

sucitor

در بطری بازکن

tirbuşon

قوطی

conservă

در قوطی بازکن

deschizător de conserve

دستگیره پارچه ای

şervete termice

سینک ظرفشویی

chiuvetă

برس گردگیری

perie

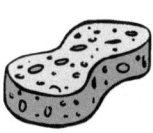

اسفنج

burete

مخلوط کن

mixer

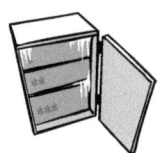

فریزر

ladă frigorifică

شیشه شیر بچه

biberon

شیر آب

robinet

حمام

baie

دوش
duș
بخاری
încălzire
حوله
prosop
پرده ی حمام
perdea de duș
حمام کف
baie cu spumă
وان حمام
cadă
لیوان
pahar
ماشین لباسشویی
mașină de spălat
شیر آب
robinet
کاشی
gresie
لگن دستشویی کودکان
oală de noapte
سینک ظرفشویی
chiuvetă

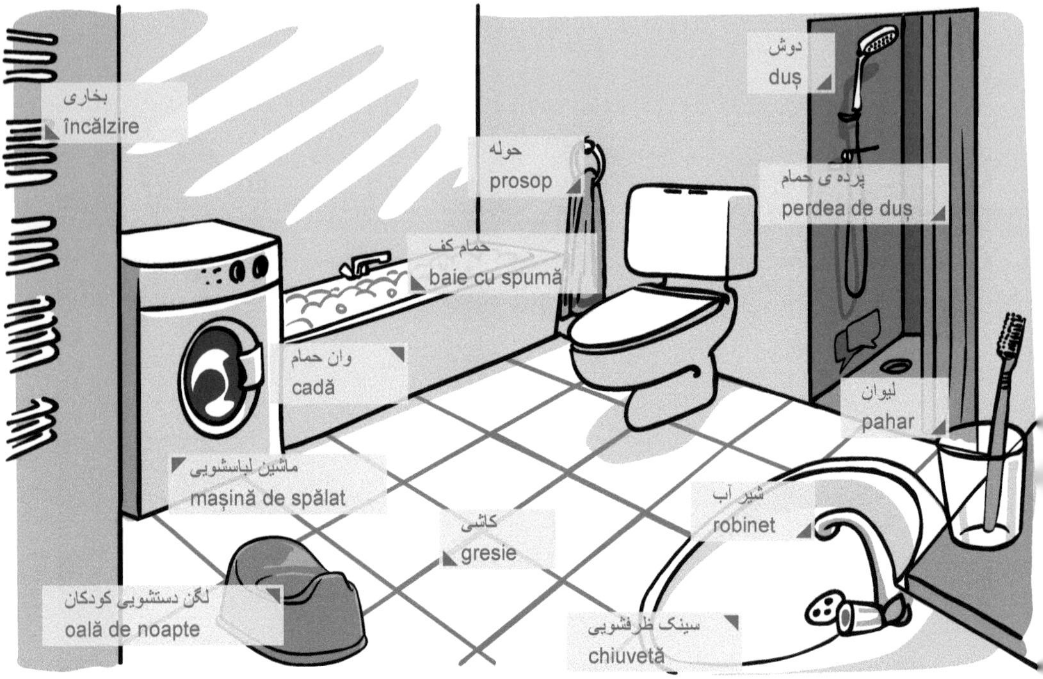

توالت

toaletă

توالت ایرانی

toaletă turcescă

کاسه توالت

bideu

توالت مخصوص آقایان

pisoir

دستمال توالت

hârtie igienică

فرچه توالت

perie de toaletă

مسواک

periuță de dinți

خمیردندان

pastă de dinți

نخ دندان

ață dentară

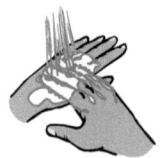

شستن

a spăla

دوش آب تلفنی

cap de duș

شلنگ توالت

duș intim

لگن روشویی

lavoar

برس شست و شوی پشت

perie pentru spate

صابون

săpun

شامپو بدن

gel de duș

شامپو

șampon

لیف حمام

cârpă de spălat

راه آب

scurgere

کرم

cremă

اسپری دئودورانت

deodorant

آیینه
....
oglindă

آیینه ی کوچک دستی
....
oglindă cosmetică

تیغ ریش تراشی
....
aparat de ras

کف ریش‌تراشی
....
spumă de ras

آفترشیو
....
aftershave

شانه ی سر
....
pieptene

برس
....
perie

سشوار
....
uscător de păr

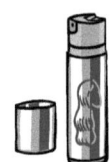

اسپری مو
....
fixator

آرایش
....
machiaj

رژلب
....
ruj

لاک ناخن
....
lac de unghii

پنبه
....
vată

قیچی ناخن
....
foarfece de unghii

عطر
....
parfum

کیف لوازم آرایشی و بهداشتی

neseser

چهارپایه

taburet

ترازو

cântar

حوله ی پالتویی

halat de baie

دستکش ظرفشویی

mănuşi de cauciuc

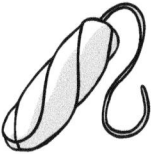

تامپون

tampon

نوار بهداشتی

tampon

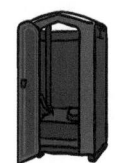

توالت سیار

toaletă chimică

اتاق بچه
camera copiilor

ساعت زنگدار
ceas deșteptător
نوعی عروسک نرم به شکل حیوانات
jucărie de pluș
ماشین اسباب بازی
mașină de jucărie
جغجغه
morișcă
خانه ی عروسکی
casă de păpuși
کادو
cadou

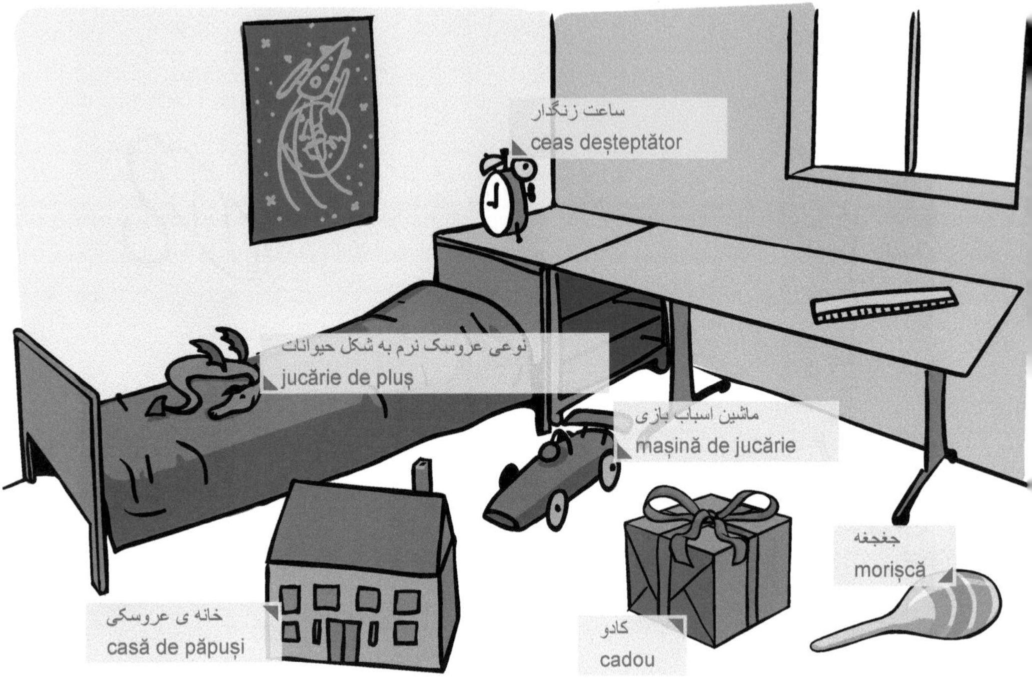

بادکنک

balon

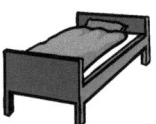

تخت خواب

pat

کالسکه بچه

cărucior de copii

بازی ورق

joc de cărți

پازل

puzzle

داستان مصور

revistă de benzi desenate

اسباب بازی لگو

cuburi lego

خانه سازی

piese pentru construcții

عروسک شخصیت های فیلم و کارتون

personaj din filmele de acțiune

لباس نوزاد

body

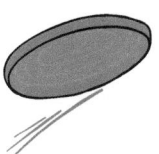

فریزبی

frisbee

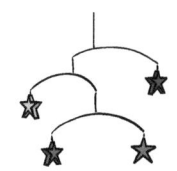

نوعی اسباب بازی که روی تخت نوزاد یا کودک نصب می شود

mobil

بازی روی صفحه

joc de societate

تاس

zar

قطار اسباب بازی

set trenuleț de jucărie

پستانک

suzetă

مهمانی

petrecere

کتاب مصور

carte cu poze

توپ

minge

عروسک

păpușă

بازی کردن

a se juca

جعبه شنی مخصوص بازی کودکان

groapă de nisip

تاب

leagăn

اسباب بازی

jucării

کنسول بازی های کامپیوتری

consolă video

سه چرخه

tricicletă

خرس عروسکی

ursuleț

کمد لباس

dulap

لباس

îmbrăcăminte

جوراب

șosete

جوراب زنانه ساق بلند

ciorapi

جوراب شلواری

dres

شال
şal

كمربند
curea

چتر
umbrelă

تی شرت
tricou

كفش ورزشی كتانی
pantofi sport

پوتین
cizme

دمپایی
papuci

صندل
sandale

كفش
încălțăminte

چكمه پلاستیكی
cizme de cauciuc

شرت
chilot

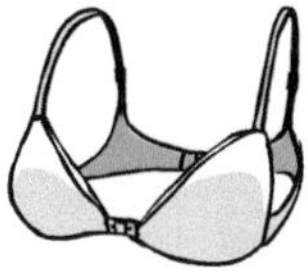

سوتین
sutien

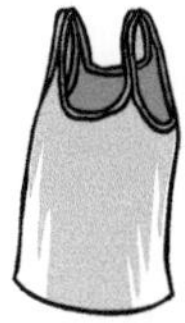

جلیقه
maiou

بادی

body

شلوار

pantaloni

جین

blugi

دامن

fustă

بلوز

bluză

پیراهن

cămașă

پولیور

pulover

سویی شرت

jerseu

نوعی کت

sacou

ژاکت

jachetă

کت بلند

palton

بارانی

pelerină de ploaie

لباس نمایش

costum

لباس

rochie

لباس عروس

rochie de mireasă

کت و شلوار

costum

لباس خواب زنانه

cămașă de noapte

پیژامه

pijama

ساری

sari

روسری

batic

عمامه

turban

برقع

burka

قبا

caftan

عبا

abaya

لباس شنا

costum de baie

شرت شنا

șort

شلوارک

pantaloni scurți

لباس ورزشی

trening

پیشبند

șorț

دستکش

mănuși

دكمه

nasture

عینک

ochelari

دستبند

brățară

گردنبند

lanț

انگشتر

inel

گوشواره

cercel

کلاه لبه دار

căciulă

چوب لباسی

umeraș

کلاه

pălărie

کراوات

cravată

زیپ

fermoar

کلاه ایمنی

cască

بند شلوار

bretele

لباس مدرسه

uniformă școlară

لباس فرم

uniformă

پیش بند بچه

bavețică

پستانک

suzetă

پوشک بچه

scutec

اداره

birou

سرور
server
کمد نگهداری پرونده
dulap de acte
چاپگر
imprimantă
کاغذ
hârtie
مانیتور
monitor
ماوس
mouse
میز تحریر
زونکن
fișier
صفحه کلید
tastatură
سبد کاغذ باطله
coș de gunoi
کامپیوتر
computer
صندلی
scaun

لیوان قهوه

ceașcă de cafea

ماشین حساب

calculator

اینترنت

internet

لپ تاپ

laptop

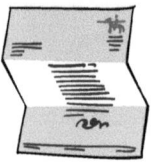

نامه

scrisoare

پیغام

mesaj

تلفن همراه

telefon mobil

شبکه ی ارتباطی

rețea

دستگاه فتوکپی

copiator

نرم افزار

software

تلفن

telefon

پریز

priză

دستگاه فاکس

fax

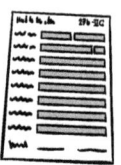

فرم

formular

مدرک

document

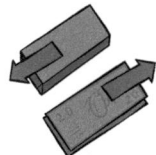

خریدن

a cumpăra

پرداخت کردن

a plăti

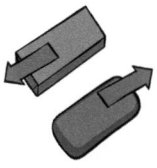

تجارت کردن

a face comerţ

پول

bani

دلار

Dolar

یورو

Euro

ین

Yen

روبل

Rublă

فرانک سوئیس

Franc Elveţian

یوان رنمینبی

renminbi yuan

روپیه

Rupie

دستگاه خودپرداز

bancomat

صرافی

casă de schimb valutar

طلا

aur

نقره

argint

نفت

petrol

انرژی

energie

قیمت

preţ

قرارداد

contract

مالیات

impozit

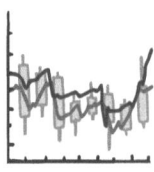

سهام سرمایه

acţiune

کار کردن

a munci

کارمند

angajat

کارفرما

angajator

کارخانه

fabrică

مغازه

magazin

مشاغل
ocupații

مامور پلیس
polițist
آتش نشان
pompier
آشپز
bucătar
دکتر
medic
خلبان
pilot

باغبان

grădinar

نجار

tâmplar

خیاط زنانه

cusătoreasă

قاضی

judecător

شیمیدان

chimist

بازیگر

actor

راننده اتوبوس

șofer de autobuz

راننده تاکسی

șofer de taxi

ماهیگیر

pescar

نظافتچی زن

femeie de serviciu

سقف ساز

tinichigiu

پیشخدمت رستوران

chelnăr

شکارچی

vânător

نقاش

pictor

نانوا

brutar

برقکار

electrician

کارگر ساختمانی

muncitor în construcții

مهندس

inginer

قصاب

măcelar

لوله کش

instalator

پستچی

poștaș

سرباز

soldat

معمار

arhitect

صندوقدار

casier

گل فروش

florar

آرایشگر

frizer

مامور کنترل بلیط در قطار

controlor

مکانیک

mecanic

ناخدا

căpitan

دندانپزشک

stomatolog

دانشمند

om de știință

عالم یهودی

rabin

امام

imam

راهب

călugăr

کشیش

preot

ابزارآلات
instrumente

انبردست
clește
چکش
ciocan
پیچ گوشتی
șurubelniță
چراغ قوه
lanternă
آچار
cheie

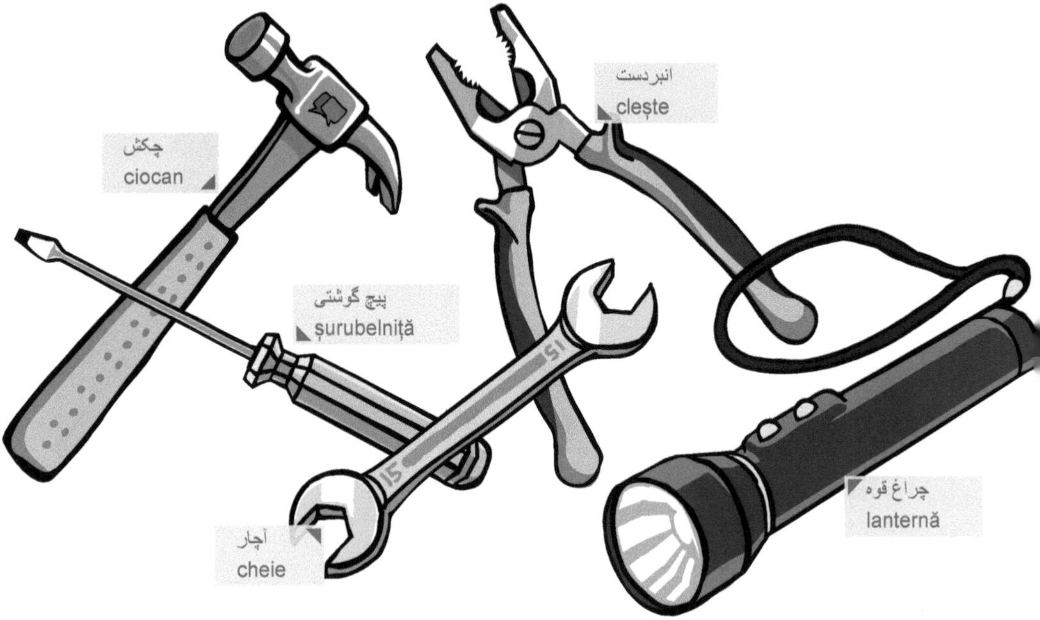

بیل مکانیکی
excavator

جعبه ابزار
cutie de scule

نردبان
scară

ارّه
ferăstrău

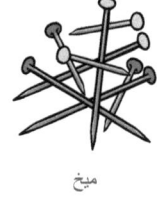

میخ
cuie

مته
burghiu

تعمیر کردن

a repara

بیل

lopată

لعنتی!

La naiba!

خاک انداز

făraș

سطل رنگرزی

vas pentru vopsea

پیچ

șuruburi

آلات موسیقی

instrumente muzicale

درامز
set tobe

بلندگو
difuzor

کنترباس
contrabas

ترومپت
trompetă

گیتار
chitară

پیانو

pian

ویولن

vioară

گیتار بیس

bas

تیمپانی

trombon

طبل

tobă

کیبورد الکتریک

keyboard

ساکسیفون

saxofon

فلوت

fluier

میکروفون

microfon

باغ وحش

grădină zoologică

ورودی
intrare
tigru
قفس
cușcă
گورخر
zebră
خوراک حیوانات
mâncare pentru animale
خرس پاندا
panda

حیوانات

animale

فیل

elefant

کانگورو

cangur

کرگدن

rinocer

گوریل

gorilă

خرس

urs

شتر

cămilă

شترمرغ

struț

شیر

leu

میمون

maimuță

فلامینگو

flamingo

طوطی

papagal

خرس قطبی

urs polar

پنگوئن

pinguin

کوسه

rechin

طاووس

păun

مار

șarpe

تمساح

crocodil

نگهبان باغ وحش

îngrijitor grădina zoologică

خوک آبی

focă

پلنگ امریکایی

jaguar

اسب کوچک

ponei

پلنگ

leopard

اسب آبی

hipopotam

زرافه

girafă

عقاب

acvilă

گراز

porc mistreț

ماهی

pește

لاک پشت

broască țestoasă

شیرماهی

morsă

روباه

vulpe

غزال

gazelă

ورزش ها

sport

فوتبال آمریکایی
fotbal american
دوچرخه سواری
ciclism
تنیس
tenis
بسکتبال
basketball
شنا
înot
هاکی روی یخ
hockey pe gheață
بوکس
box

فوتبال

fotbal

بدمینتون

badminton

دوومیدانی

atletism

هندبال

handbal

اسکی

schi

پولو

polo

پریدن
a sări

بغل کردن
a îmbrățișa

خندیدن
a râde

راه رفتن
a merge

آواز خواندن
a cânta

رؤیا دیدن
a visa

دعا کردن
a se ruga

بوسیدن
a săruta

نوشتن
....
a scrie

رسم کردن
....
a desena

نشان دادن
....
a arăta

هل دادن
....
a împinge

دادن
....
a da

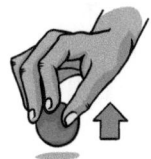

برداشتن
....
a lua

داشتن

a avea

انجام دادن

a face

بودن

a fi

ایستادن

a sta în picioare

دویدن

a fugi

كشیدن

a trage

پرتاب كردن

a arunca

افتادن

a cădea

دراز كشیدن

a sta întins

منتظر بودن

a aștepta

حمل كردن

a purta

نشستن

a ședea

لباس پوشیدن

a se îmbrăca

خوابیدن

a dormi

بیدار شدن

a se trezi

تماشا کردن

a privi

گریه کردن

a plânge

نوازش کردن

a mângâia

شانه کردن

a se pieptăna

حرف زدن

a vorbi

فهمیدن

a înțelege

پرسیدن

a întreba

شنیدن

a asculta

آشامیدن

a bea

خوردن

a mânca

مرتب کردن

a face ordine

عاشق بودن

a iubi

پختن

a găti

رانندگی کردن

a conduce

پرواز کردن

a zbura

قایقرانی کردن

a naviga

محاسبه کردن

a calcula

خواندن

a citi

یاد گرفتن

a învăța

کار کردن

a munci

ازدواج کردن

a se căsători

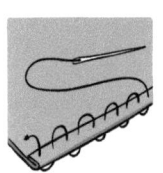

دوختن

a coase

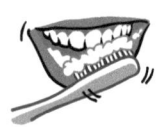

مسواک زدن

a se spăla pe dinți

کشتن

a ucide

سیگار کشیدن

a fuma

فرستادن

a trimite

خانواده
familie

مادربزرگ
bunică
پدربزرگ
bunic
پدر
tată
مادر
mamă
کودک
bebeluș
فرزند دختر
soră
فرزند پسر
fiu

مهمان

oaspete

خاله، عمه

mătușă

دایی، عمو

unchi

برادر

frate

خواهر

soră

بدن

corp

پیشانی
frunte
چشم
ochi
شانه
umăr
انگشت دست
deget
صورت
față
چانه
bărbie
دست
mână
سینه
piept
ساق پا
picior
بازو
braț

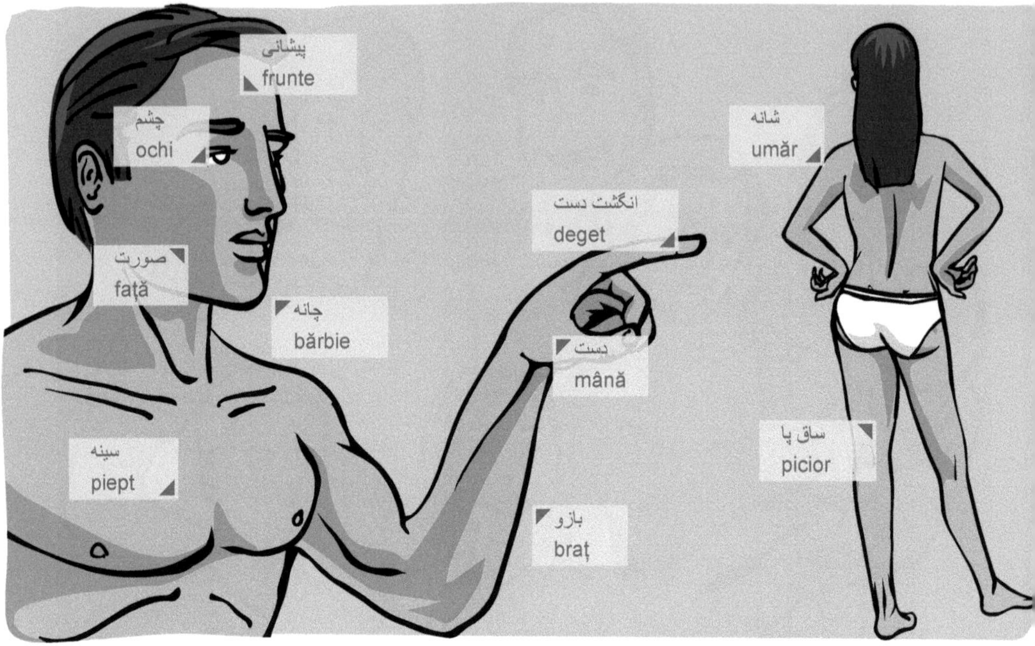

کودک
bebeluș

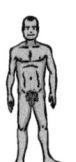

مرد
bărbat

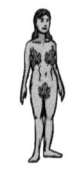

زن
femeie

دختربچه
fată

پسربچه
băiat

کله
cap

کمر

spate

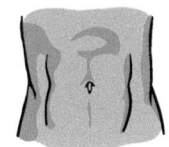

شکم

abdomen

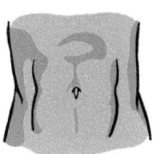

ناف

ombilic

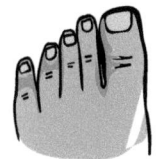

انگشت پا

deget de la picior

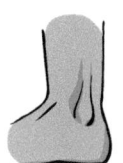

پاشنه

călcâi

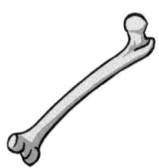

استخوان

os

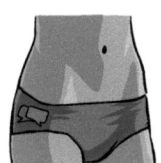

لگن

șold

زانو

genunchi

آرنج

cot

بینی

nas

نشیمنگاه

fund

پوست

piele

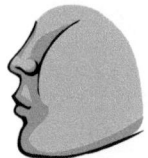

گونه

obraz

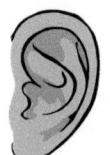

گوش

ureche

لب

buză

دهان
....
gură

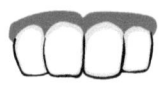

دندان
....
dinte

زبان
....
limbă

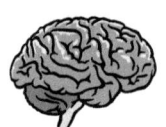

مغز
....
creier

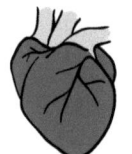

قلب
....
inimă

عضله
....
mușchi

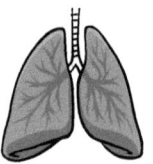

ریه
....
plămân

کبد
....
ficat

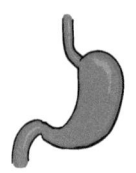

معده
....
stomac

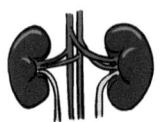

کلیه
....
rinichi

آمیزش جنسی
....
sex

کاندوم
....
prezervativ

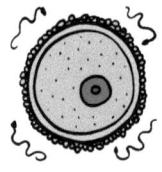

تخمک
....
ovul

اسپرم
....
spermă

حاملگی
....
sarcină

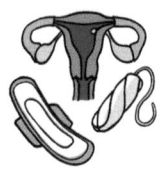

پریود

menstruație

واژن

vagin

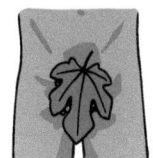

آلت تناسلی مرد

penis

ابرو

sprânceană

مو

păr

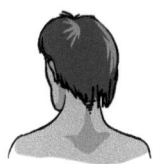

گردن

gât

بیمارستان

spital

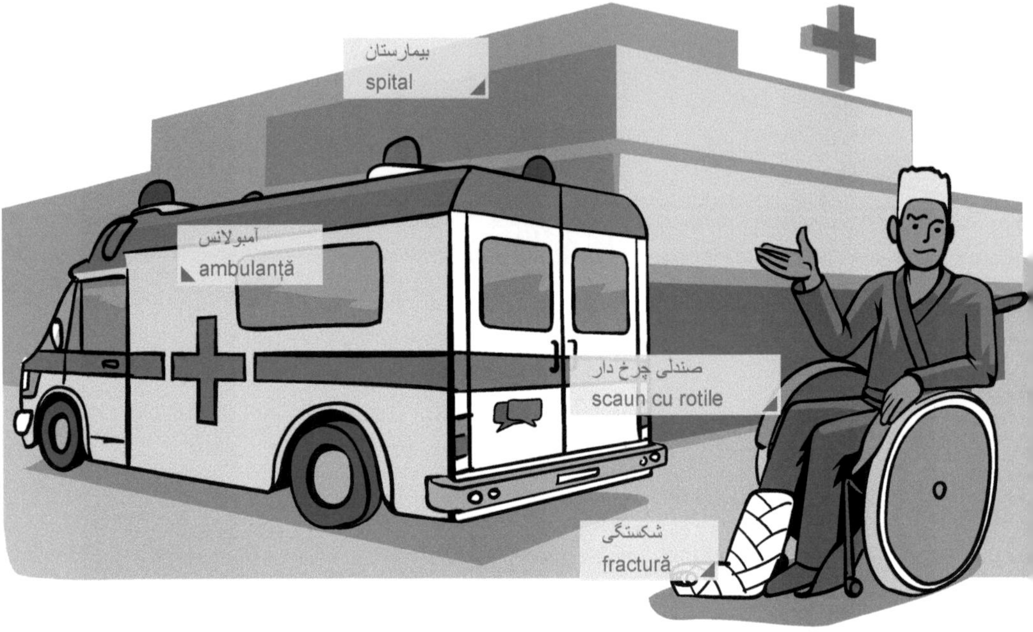

بیمارستان
spital
آمبولانس
ambulanță
صندلی چرخ دار
scaun cu rotile
شکستگی
fractură

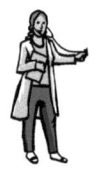

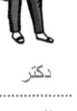

دکتر

medic

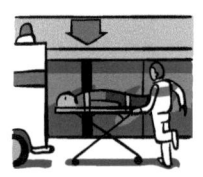

بخش اورژانس

unitate de primiri urgențe

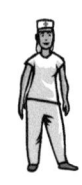

پرستار

soră medicală

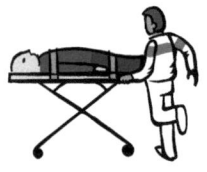

موقعیت اضطراری

urgență

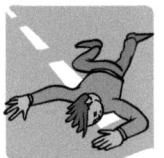

بی هوش

inconștient

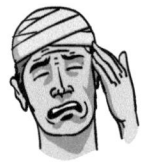

درد

durere

مصدومیت

leziune

خونریزی

sângerare

سکته قلبی

infarct miocardic

سکته مغزی

atac cerebral

آلرژی

alergie

سرفه

tuse

تب

febră

آنفولانزا

gripă

اسهال

diaree

سردرد

durere de cap

سرطان

cancer

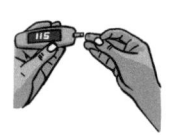

دیابت

diabet

جراح

chirurg

چاقوی جراحی

scalpel

عمل جراحی

operație

سی تی اسکن

CT

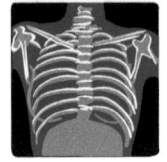

پرتونگاری

raze Röntgen

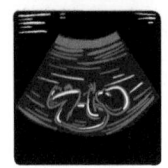

سونوگرافی

ultrasunet

ماسک صورت

mască

بیماری

boală

اتاق انتظار

sală de așteptare

چوب زیر بغل

cârjă

چسب زخم

plasture

پانسمان

bandaj

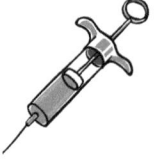

تزریق

injecție

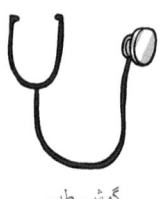

گوشی طبی

stetoscop

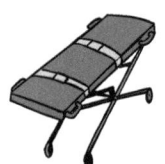

برانکار

targă

دماسنج

termometru

زایش

naștere

اضافه وزن

supraponderabilitate

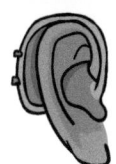

سمعک

aparat auditiv

ماده ضد غفونی کننده

dezinfectant

عفونت

infecție

ویروس

virus

اچ آی وی / ایدز

HIV/SIDA

دارو

medicină

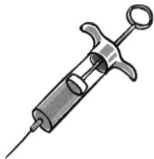

واکسیناسیون

vaccin

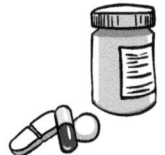

قرص

tablete

قرص ضد حاملگی

pastilă

تماس اظطراری

apel de urgență

دستگاه اندازه گیری فشارخون

aparat de măsurare a
presiunii arteriale

مریض / سالم

bolnav/sănătos

موقعیت اضطراری

urgență

کمک!

Ajutor!

آژیر خطر

alarmă

حمله

agresiune

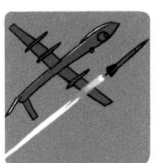

حمله ی فیزیکی

atac

خطر

pericol

خروج اظطراری

ieșire de urgență

آتش

Foc!

کپسول آتش‌نشانی

extinctor

تصادف

accident

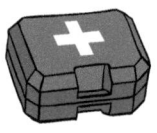

جعبه کمک های اولیه

trusă de prim-ajutor

درخواست کمک

SOS

پلیس

poliție

کره زمین
pământ

اروپا

Europa

آمریکای شمالی

America de Nord

آمریکای جنوبی

America de Sud

آفریقا

Africa

آسیا

Asia

استرالیا

Australia

اقیا نوس اطلس

Altantic

اقیانوس آرام

Pacific

اقیانوس هند

Oceanul Indian

اقیا نوس اطلس جنوبی

Oceanul Antarctic

اقیانوس منجمد شمالی

Oceanul Arctic

قطب شمال

Polul Nord

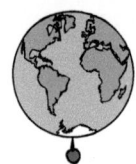

قطب جنوب

Polul Sud

قاره قطب جنوب

Antarctica

کره زمین

pământ

سرزمین

țară

دریا

mare

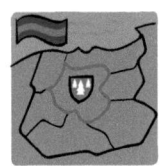

جزیره

insulă

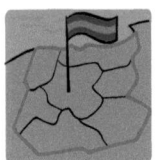

ملت

națiune

کشور

stat

ساعت

ceas

صفحه ی ساعت

cadran

ساعت شمار

orar

دقیقه شمار

minutar

ثانیه شمار

secundar

ساعت چند است؟

Cât e ceasul?

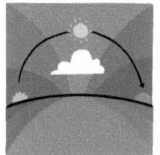

روز

zi

زمان

timp

اکنون

acum

ساعت دیجیتال

cead digital

دقیقه

minut

ساعت

oră

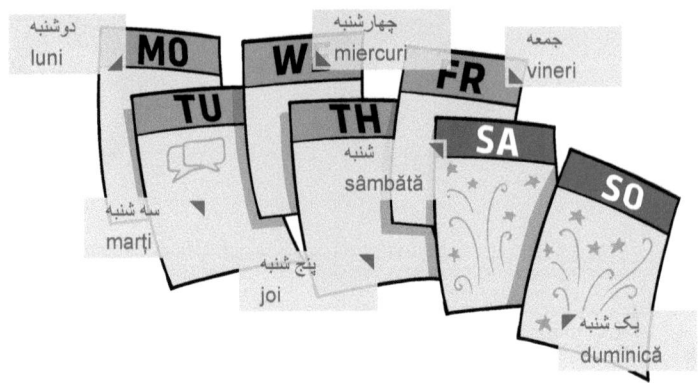

هفته

săptămână

دوشنبه
luni
سه شنبه
marți
چهارشنبه
miercuri
پنج شنبه
joi
جمعه
vineri
شنبه
sâmbătă
یک شنبه
duminică
SA

دیروز

ieri

امروز

azi

فردا

mâine

صبح

dimineață

ظهر

amiază

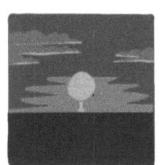

غروب

seară

روزهای کاری

zile lucrătoare

آخر هفته

week-end

سال

an

باران
ploaie
رنگین کمان
curcubeu
برف
zăpadă
باد
vânt
بهار
primăvară
پاییز
toamnă
تابستان
vară
زمستان
iarnă

4.APRIL 11°
5.APRIL 4°
6.APRIL 13°
7.APRIL 8°
8.APRIL 10°

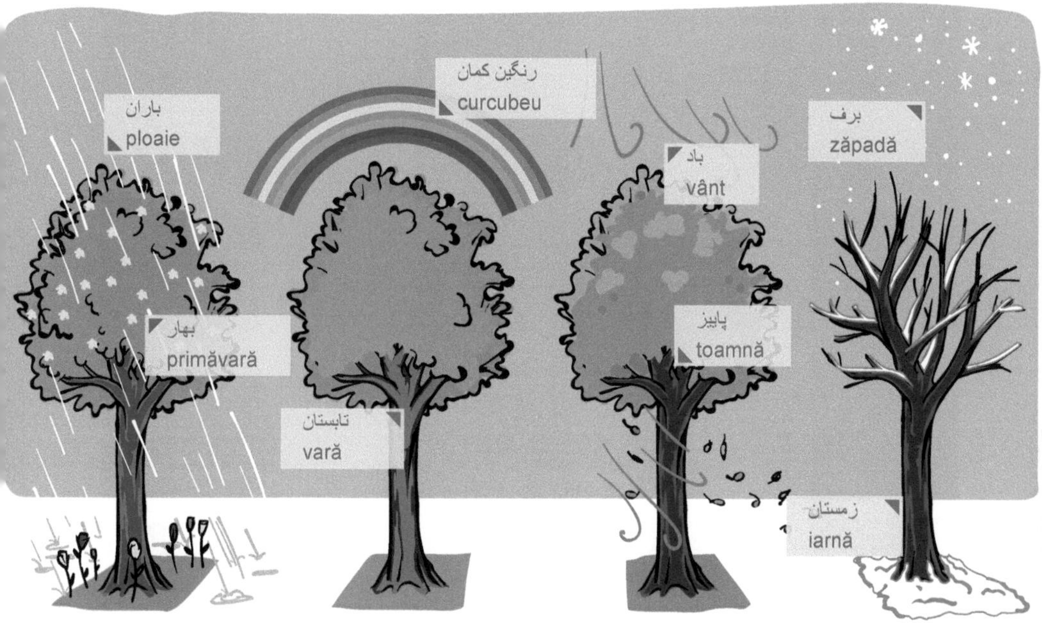

پیش‌بینی اوضاع جوی

prognoză meteo

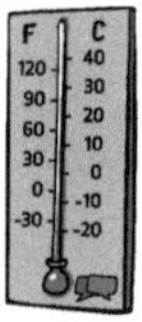

دماسنج

termometru

تابش آفتاب

lumina soarelui

ابر

nor

مه

ceață

رطوبت هوا

umiditate a aerului

صاعقه
....
fulger

آسمان غره
....
tunet

طوفان
....
furtună

تگرگ
....
grindină

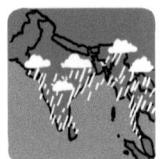

باد موسمی
....
muson

سیل
....
inundație

یخ
....
gheață

ژانویه
....
ianuarie

فوریه
....
februarie

مارس
....
martie

آوریل
....
aprilie

مه
....
mai

ژوئن
....
iunie

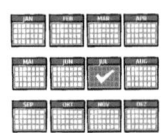

ژوئیه
....
iulie

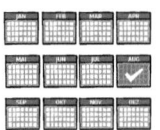

آگوست
....
august

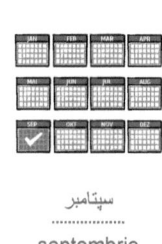

سپتامبر

septembrie

اکتبر

octombrie

نوامبر

noiembrie

دسامبر

decembrie

آشکال

forme

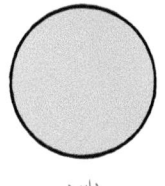

دایره

cerc

مربع

pătrat

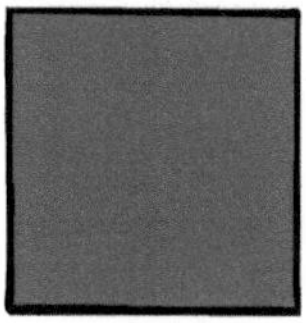

مستطیل

dreptunghi

سه گوش

triunghi

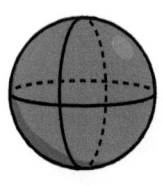

گره

sferă

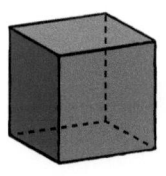

مکعب مربع

cub

رنگ ها

culori

سفید

alb

زرد

galben

نارنجی

portocaliu

صورتی

roz

قرمز

roșu

بنفش

violet

آبی

albastru

سبز

verde

قهوه ای

maro

خاکستری

gri

سیاه

negru

متضاد ها

antonime

خیلی / کم

mult/puțin

خشمگین/ آرام

furios/calm

زیبا / زشت

frumos/urât

شروع / پایان

început/sfârșit

بزرگ / کوچک

mare/mic

روشن / تیره

luminos/întunecat

برادر / خواهر

frate/soră

تمیز / آلوده

curat/murdar

کامل / ناقص

complet/incomplet

روز / شب

zi/noapte

مرده / زنده

mort/viu

پهن / باریک

lat/strâmt

قابل خوردن / غیر قابل خوردن

comestibil/necomestibil

غضبناک / مهربان

rău/prietenos

هیجان زده / بی حوصله

emoţionat/plictisit

چاق / لاغر

gras/slab

اولین / آخرین

primul/ultimul

دوست / دشمن

prieten/inamic

پر / خالی

plin/gol

سفت / نرم

tare/moale

سنگین / سبک

greu/uşor

گرسنگی / تشنگی

foame/sete

مریض / سالم

bolnav/sănătos

غیرقانونی / قانونی

ilegal/legal

باهوش / خنگ

inteligent/stupid

چپ / راست

stânga/drepta

نزدیک / دور

aproape/departe

نو / استفاده شده

....

nou/uzat

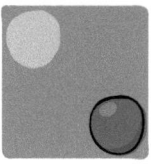

هیچ چیز / چیزی

....

nimic/ceva

پیر / جوان

....

bătrân/tânăr

روشن / خاموش

....

pornit/oprit

باز / بسته

....

deschis/închis

آهسته / بلند

....

încet/tare

ثروتمند / فقیر

....

bogat/sărac

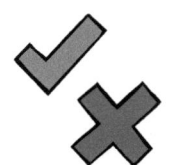

درست / غلط

....

corect/fals

زبر / صاف

....

aspru/neted

غمگین / خوشحال

....

trist/fericit

کوتاه / بلند

....

lung/scurt

کند / تند

....

încet/repede

تر / خشک

....

ud/uscat

گرم / خنک

....

cald/rece

جنگ / صلح

....

război/pace

اعداد
cifre

0	1	2
صفر	یک	دو
zero	unu	doi
3	4	5
سه	چهار	پنج
trei	patru	cinci
6	7	8
شش	هفت	هشت
șase	șapte	opt
9	10	11
نه	دَه	یازده
nouă	zece	unsprezece

12

دوازده

douăsprezece

13

سیزده

treisprezece

14

چهارده

paisprezece

15

پانزده

cincisprezece

16

شانزده

șaisprezece

17

هفده

șaptesprezece

18

هجده

optsprezece

19

نوزده

nouăsprezece

20

بیست

douăzeci

100

صد

o sută

1.000

هزار

o mie

1.000.000

میلیون

un milion

زبان ها

limbi

انگلیسی

....

engleză

انگلیسی آمریکایی

....

engleză americană

چینی ماندارین

....

chineza mandarină

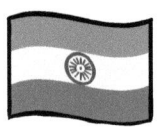

هندی

....

hindi

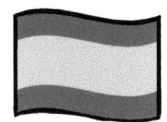

اسپانیایی

....

spaniolă

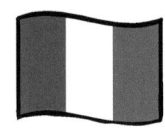

فرانسوی

....

franceză

عربی

....

arabă

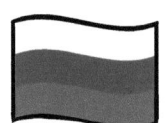

روسی

....

rusă

پرتغالی

....

protugheză

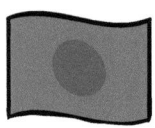

بنگالی

....

bengaleză

آلمانی

....

germană

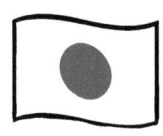

ژاپنی

....

japoneză

چه کسی / چه چیزی / چگونه

cine/ce/cum

من

eu

تو

tu

او

el/ea

ما

noi

شما

voi

آنها

ea

چه کسی؟ کی؟

cine?

چی؟

ce?

چگونه؟

cum?

کجا؟

unde?

کِی؟

când?

نام

nume

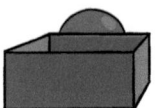

کجا

unde

پشت

în spate

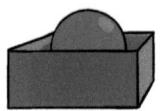

توی

în

جلو

înainte

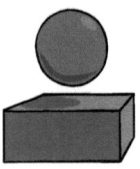

بالای

peste

روی

pe

زیر

sub

مجاور

lângă

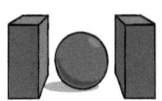

بین

între

مکان

loc